CATALOGUE

DES

ESTAMPES

COMPOSANT LA

Collection de M. Alfred DIEUSY

DONT LA VENTE AURA LIEU

HOTEL DES COMMISSAIRES-PRISEURS

RUE DROUOT, 9, SALLE No 6

Les Mercredi 16, Jeudi 17 et Vendredi 18 Mai 1877

A UNE HEURE

Me Henri LECHAT
COMMISre-PRISEUR
rue Baudin, 6

M. LOIZELET
Md D'ESTAMPES
rue des Beaux-Arts, 12

PARIS — 1877

V^{es} RENOU, MAULDE et COCK

IMPRIMEURS DE LA COMPAGNIE DES COMMISSAIRES-PRISEURS

Rue de Rivoli, 144

CATALOGUE

DES

ESTAMPES

DE TOUTES LES ÉCOLES

Principalement de l'École française du XVIIIe siècle

PAR ET D'APRÈS

Baudouin, Boucher, Chardin, Fragonard, Greuze, Saint-Aubin, Watteau
Wille, etc.

LE MONUMENT DU COSTUME PHYSIQUE ET MORAL

AU XVIIIe SIÈCLE

Par Freudeberg et Moreau

ILLUSTRATIONS

POUR

LES CONTES DE LA FONTAINE

Par Boucher, Lancret, Le Mesle, Pater, Vleughels

COMPOSANT LA COLLECTION DE M. ALFRED DIEUSY

DONT LA VENTE AURA LIEU

HOTEL DES COMMISSAIRES - PRISEURS

RUE DROUOT, 9, SALLE N° 6

Les Mercredi 16, Jeudi 17 et Vendredi 18 Mai 1877

A UNE HEURE

Par le ministère de Me **HENRI LECHAT**, Commissaire-Priseur,
rue Baudin, 6,

Assisté de **M. LOIZELET**, Marchand d'Estampes,
rue des Beaux-Arts, 12.

PARIS — 1877

ORDRE DES VACATIONS

PREMIÈRE VACATION

Mercredi 16 Mai 1877................ Nᵒˢ 1 à 219

DEUXIÈME VACATION

Jeudi 17 Mai 1877................... Nᵒˢ 220 à 432

TROISIÈME VACATION

Vendredi 18 Mai 1877............... Nᵒˢ 433 à 637

CONDITIONS DE LA VENTE

Elle sera faite au comptant.

Les Acquéreurs paieront, en sus des adjudications, CINQ CENTIMES PAR FRANC, applicables aux frais.

M. LOIZELET se charge des Commissions.

DÉSIGNATION

1 **Aldegrever, Altdorfer, Georges Penez**.
Adam debout. B. 11. — Ammon fait violence à
Thamar. B. 23. — Sophonisbé. B. 62. — Un
homme embrassant sa dame. B. 151. — Judith
portant la tête d'Holopherne, Régulus, etc.
19 pièces.

2 **Anonyme**. Le Repos de la Volupté.—L'Écolier.
— Jupiter et Io. — Le Passé. Petites pièces en
couleur dans des ronds.

3 — La Ceinture de chasteté. Très-belle ép.
Toutes marges.

4 **Aubert**. La Revendeuse à la toilette, par
Cl. Duflos. Très-belle ép.

5 **Aubry**. L'Abus de la crédulité. — La Reconnaissance de Fonrose, par De Launay. Très-
belles ép.

6 — L'Amour paternel, par Le Vasseur. — La
jeune Bergère, par Le Veau, ép. avant la lettre.
— L'heureuse Nouvelle, par J.-B. Simonet.
3 pièces.

7 — Première Leçon d'amitié fraternelle, par
N. De Launay. Très-belle ép.

8 **Audouin**. Jupiter et Antiope, d'ap. Le Corrège.
— Apollon couronnant la Vérité, d'ap. Landon.
2 pièces. Très-belles ép.

9 **Audouin** et **Lignon**. Louis XVIII. — Son A. R.
Madame, duchesse d'Angoulême, d'ap. Augustin
et Dumont. 4 portraits.

10 **Avril**. Le Patriotisme français, 1788. Très-
belle ép.

11 **Baroche** (Frédéric). Le Repos en Egypte, clair-
obscur. — Jésus au Jardin des oliviers, par A.
Durer. 2 pièces. Très-belles ép.

12 **Baudouin** (P.-A.). Les Amants surpris. — Les
Amours champêtres, par P. P. Choffard. (E.
Bocher, 4-7). Très-belles ép.

13 — Les mêmes. Belles ép.

14 — Les Amants surpris. Belle ép. Déchirée.

15 — Annette et Lubin. — Les Cerises, par Ponce.
(E. B. 9-13). Très-belles ép. Les Cerises, tirage
moderne. 3 pièces.

16 — Le Carquois épuisé, par N. De Launay (E.
B. 11). Très-belle ép. Manque de fraîcheur.

17 — Le Chemin de la fortune, par Voyez l'aîné
(E. B. 14). Très-belle ép.

18 — Le Catéchisme. — Le Confessionnal, par
P. E. Moitte (E. B. 12-15). Très-belles ép. avant
la lettre. Grandes marges. Le Confessionnal a
les noms des artistes.

19 — Le Curieux, par P. Maleuvre (E. B. 17). Très-
belle ép.

20 — Le Danger du tête-à-tête, par Simonet (E.
B. 18). Très-belle ép. Grandes marges.

21 — L'Enlèvement nocturne, par Ponce (E. B. 20).
2 épreuves dont une d'un tirage postérieur.

22 — Le Fruit de l'amour secret, par Voyez jeune
(E. B. 23). Très-belles ép. Marges.

23 — Le Jardinier galant, par Helman (E. B. 25).
Très-belle ép.

24 — *Jusques dans la moindre chose...*, par Masquelier (E. B. 26). Très-belle ép.

25 — La même, copie en contre-partie, non décrite
par M. E. Bocher. Très-belle ép.

26 — Le Lever, par Massard (E. B. 29). Très-rare
ép. à l'état d'eau-forte pure.

27 — La même. Très-belle et rare ép. avant la
lettre et avant la bordure.

28 — Marchez tout doux, parlez tout bas, par
P. P. Choffard (E. B. 30). Très-belle ép.

29 — Le Modèle honnête, par J. M. Moreau, terminé
par Simonet (E. B. 34). Très-belle ép.

30 — Le Poëte Anacréon, par N. De Launay (E. B.
38). Très-belle ép. — La Gayeté de Silène, par
le même, d'ap. Bertin. Très-belle ép. avant la
dédicace. Pièces faisant pendants.

31 — La Rencontre dangereuse, par Le Veau
(E. B. 40). Rare ép. à l'état d'eau-forte pure.

32 — La même. Epreuve terminée avant la lettre,
rognée haut et bas sur la bordure.

33 — *Jusques dans la moindre chose...*, par Masquelier. — Perrette, par H. Guttemberg. — *Sa taille
est ravissante...*, par Le Beau, cette dernière
rognée au trait carré (E. B. 27-36-43). 3 pièces.

34 — La Sentinelle en défaut, par N. De Launay
(E. B. 44). Rare ép. à l'état d'eau-forte.

35 — La Même, avec la lettre. Très-belle ép.

36 — Les Soins tardifs, par N. De Launay (E. B. 45).
Très-belle ép. avant la lettre, rognée au trait
carré.

37 — La même. Superbe ép. avec la lettre. Toutes
marges.

38 — La Nuit. — Le Soir, par De Ghendt (E. B.
35-46). Très-belles ép. avant la lettre.

39 — Le Matin. — La Nuit. 2 pièces.

40 — Les Parties du Jour (E. B. 32-33-35-46). Suite
de 4 pièces, tirage moderne.

41 — Rose et Colas. — La Soirée des Thuileries,
par Simonet (E. B. 42-47). Pièces faisant pendants. Très-belles ép.

42 — La Toilette, par Ponce (E. B. 48). Très-belle
ép., avec l'adresse de Mme Baudouin.

43 **Beauvarlet**. Lecture espagnole. — Conversation espagnole, d'ap. C. Vanloo. Pièces faisant
pendants.

44 — Les Couseuses, d'ap. Guido Reni. Très-belle
ép. avant toutes lettres.

45 — J.-B. Poquelin de Molière, d'ap. S. Bourdon.
Très-belle ép.

46 — Le comte d'Artois et sa sœur sur une chèvre,
d'ap. Drouais. Très-belle ép.

47 — La même. Belle ép.

48 — Conversation espagnole. — Défaite du Convoi
prussien, près d'Olmutz. — Les Liseuses. —
Les Vestales, etc. 6 pièces.

49 — Télémaque dans l'Ile de Calypso, d'ap. J. Raoux. Très-belle ép.

50 — Acis et Galathée. — L'Enlèvement d'Europe. — L'Enlèvement des Sabines. — Jugement de Pâris. 2 sont en double. 6 pièces.

51 **Béham** (H. Sébald). Saint Mathieu et saint Jean, B. 40. — Cimon nourri par sa fille, B. 75. Très-belles ép.

52 — Les Travaux d'Hercule, B. 96, 97, 98, 99, 102. Très-belles ép. 5 pièces.

53 — L'Astrologie, B. 127. — La Foi, B. 133. — La Patience, B. 138. — L'Impossible, B. 145. Très-belles ép. 5 pièces.

54 — Les Danseurs de noce, B. 155, 156, 160, 161, 163. Très-belles ép. 5 pièces.

55 — Le Soldat amoureux, B. 202. — Les deux Bouffons, B. 213. — La Femme couchée, vue par le dos, B. 215. Belles ép. 3 pièces.

56 **Beisson.** Portrait de Marat, d'ap. Joseph Boze. Très-belle ép. avant la lettre. Toutes marges.

57 **Bellangé** (H.). Les jolis Soldats français. — Jean-Jean, etc. 13 pièces lithographiées.

58 **Belle** (Et. de la). Vues, Sujets, Ornements, Croquis divers. 69 pièces.

59 **Berghem** (D'après N.). Paysages et Animaux. 14 pièces.

60 **Bervic.** L'Enlèvement de Déjanire, d'ap. Guido Reni. — L'Éducation d'Achille, d'ap. J.-B. Regnault. Pièces faisant pendants. Très-belles ép.

61 **Bilcoq**. La Consultation appréhendée. — Le Retour de la consultation, par Le Veau, pièces faisant pendants. Très-belles ép.

62 **Blot** (Maurice). Monseigneur le Dauphin et Madame, fille du roi, d'ap. Elisabeth Le Brun.

63 **Boilly** (Louis). Ça ira, par Mathias. — On la tire aujourd'hui, par Tresca. 2 pièces.

64 **Bonnet** (Louis). La Laveuse, d'ap. Boucher. Aux deux crayons sur papier gris-bleu. Très-belle ép.

65 — La petite École. — La jeune Bergère. A la sanguine. 2 pièces.

66 **Bonnet, Demarteau** et **Petit**. Fac-simile aux divers crayons, d'ap. Boucher. 8 pièces.

67 **Boissieu** (J.-J. de). Paysages et Sujets divers. 8 pièces.

68 **Borel** (Antoine). Le Mariage conclu. — Le Mariage rompu, par De Launay. — La Morale inutile, par E. Voysard. Belles ép. 3 pièces.

69 — Diane et Calisto. — Le Repos de Diane, par Bertélézi. Pièces faisant pendants. Très-belles épreuves.

70 — J'y passerai, par De Launay. — Vous avez la clef... mais il a trouvé la serrure, par Anselin. Très-belles ép. 2 pièces.

71 **Bosse** (Abraham). Les Dames banquetant. — Le Remède. — L'Automne. — L'Enfant prodigue. — Le Juge. 5 pièces. Très-belles ép.

72 **Boucher** (François). Son Portrait, gravé par Manuel Salvador Carmona, d'ap. Roslin Suédois.

73 — La Petite reposée. — Les Enfants et le chat endormis. — Andromède, etc. 6 pièces gravées à l'eau-forte.

74 **Boucher** (D'ap. F.). Alliance de l'Autriche et de la France. — Naissance de Monseigneur le duc de Bourgogne, par Mme de Pompadour. 2 pièces.

75 — Elle mord à la grappe. — De trois choses en ferez-vous une? par Jacques-Jean Pasquier. Superbes épreuves avant toutes lettres. Toutes lettres. Toutes marges.

76 — Les mêmes, avec la lettre.

77 — La jeune Barcelonette, par Iwanofe. Très-belle ép.

78 — Les Caresses dangereuses, par J. de Longueil. Belle ép.

79 — Les Parties du jour, représentées par des femmes à mi-corps, par Petit. Suite de 4 pièces.

80 — Figures chinoises. Suite de 6 pièces gravées par Hoüel. Très-belles ép.

81 — Étude de baigneuse, par E. Fessard. — Vénus et l'Amour, par N. Ponce. 2 pièces.

82 — Les Charmes de la vie champêtre, par J Daullé. Très-belle ép.

83 — La Naissance de Vénus. — La Toilette de Vénus, par Claude Duflos. Très-belles ép. Grandes marges.

84 — Les mêmes. Très-belles ép.

85 — Naissance et Triomphe de Vénus. Superbe épreuve.

86 — L'Amour frivole. — L'Amour à l'épreuve, par Beauvarlet. 2 pièces.

87 — L'Amour enchaîné par les Grâces, par Beauvarlet. Très-belle ép.

88 — La belle Villageoise, par Soubeyran. — La belle Cuisinière, par P. Aveline. Très-belles ép.

89 — Les deux Confidentes, par J. Ouvrier. — Le Sommeil interrompu, par Beauvais. Très-belles ép. collées en plein.

90 — Vénus se préparant pour le jugement de Pâris, par de Lorraine. Très-belles ép. Grandes marges.

91 — Pensent-ils à ce mouton, par Mme Jourdan. — Les Bacchantes endormies. — Le Goûter de l'Automme, par R. Gaillard. 3 pièces.

92 — Le Plaisir de la pêche, par Beauvarlet. — Les Amants surpris, par R. Gaillard. — Chasse aux tigres, par J.-J. Flippart. 3 pièces.

93 — Triomphe de Priape, par Cl. Duflos. Très-belle ép.

94 — L'Oiseau chéri. — Le Tribut de la reconnaissance. — Motifs de Fontaines. — Pastorales, etc. 6 pièces.

95 — Le Réveil, par P. Car. Levesque. Très-belle ép. d'une pièce rare.

96 — Les Éléments représentés par des sujets d'enfants. Suite de 4 pièces gravées par Cl. Duflos. Très-belles ép.

97 — Le Souffleur. — Le Pêcheur, par le même. 2 pièces.

98 — Naissance de Vénus, par J. C. le Vasseur. — Pensent-ils au raisin? par J. Ph. Le Bas. — La Mort d'Adonis, par Michel Aubert. 3 pièces.

99 — Vertumne et Pomone, par Augustin Saint-Aubin. Très-belle ép.

100 — Jupiter et Léda, par Ryland. Très-belle ép. avant toutes lettres.

101 — Jupiter et Calisto, par R. Gaillard. Très-belle ép.

102 — Enlèvement d'Europe. — Naissance de Bacchus, par Aveline, 2 pièces.

103 — Les Charmes du printemps. — Les Plaisirs de l'été. — Les Délices de l'automne. — Les Amusements de l'Hiver, par Daullé. Suite de 4 pièces, très-belles ép.

104 — Les Serments du berger. — Les Présents du berger, par L. Lempereur, 2 pièces, très-belles ép.

105 — Silvie guérit Philis de la piqûre d'une abeille. — L'Amour ranime Aminte dans les bras de Silvie, par L. Lempereur, très-belles ép. 2 pièces.

106 — Neptune et Amymone, par Danzel. Très-belle ép.

107 — Première et seconde vue des environs de Beauvais, par J.-Ph. Le Bas. — Intérieur de ferme, par Ryland, etc. 4 pièces.

108 **Bourdon** (Sébastien). Les OEuvres de Miséricorde, suite de 7 pièces, très-belles ép.

109 **Brookshaw**. Louis XVI. — Marie-Antoinette, gravés à la manière noire. Portraits faisant pendants.

110 **Bruyn** et **Goltzius** (Nic. de). Sujets de l'Ancien et du Nouveau Testament. 7 pièces.

111 **Callot**. Pièces diverses par et d'après 20 pièces.

112 **Carême** (Philippe). La joyeuse Orgie, par Hemery, épreuve avant la draperie. — La même, avec la draperie. — Les frères Lorezzo, en couleur. 4 pièces.

113 **Carrache** (An. et Aug.). Pièces lascives et compositions diverses. 14 pièces.

114 **Casanova**. Combat de deux cavaliers, seule pièce gravée par ce maître. — L'Escorte d'équipage, par J. Moyreau, etc. 5 pièces.

115 **Challe**. La Comparaison, par Bouillard et Duprécl. Tirage moderne.

116 — Les Caresses réciproques, par Piaco. Pièces faisant pendants, une est avant la lettre.

117 — La Soubrette officieuse, par Chaponnier. Belle ép.

118 — Paul et Virginie, par Descourtis, suite de 5 pièces in-fol. en couleur. Très-belles ép.

119 — La Vestale. — Les Appas multipliés. — Zéphire et Flore. — Mort de Cléopâtre, de Didon, de Lucrèce. — Le Méridien. 7 pièces.

120 **Chardin** (J.-B.). Son Portrait peint par lui-même, gravé par Chevillet. (E. Bocher, 9). Très-belle ép.

121 — Les Amusements de la vie privée, par L. Surugue (E. B. 1). Belle ép.

122 — Étude du dessin, par Le Bas (E. B. 18). Très-belle ép.

123 — La Blanchisseuse. — La Fontaine, par C.-N. Cochin (E.-B. 6-21). 2 pièces.

124 — L'Écureuse. — Le Garçon cabaretier, par C.-N. Cochin (E. B. 16-22). Très-belles ép.

125 — L'Instant de la méditation, par L. Surugue (E.-B. 26). Bonne ép.

126 — Le Jeu de l'oye, par P.-L. Surugues fil (E.-B. 27). Très-belle ép.

127 — Jeune Fille à la raquette, par Lépicié (E. B. 29). Très-belle ép.

128 — La Maîtresse d'école, par Lépicié (E. B. 34). Très-belle ép.

129 — La Mère laborieuse, par Lépicié. — Le Négligé ou Toilette du matin, par Le Bas (E. B. 35-38). Belles ép.

130 — Le Château de cartes. — Le Tôton, par Lépicié (E. B. 11-50). Très-belles ép.

131 — Les Tours de cartes, par P.-L. Surugue fils (E. B. 51). Très-belle ép.

132 — Le Château de cartes. — L'Éplucheuse de salade. — La Ratisseuse. — La Serinette. — Toilette du matin. — Dame cachetant une lettre, copie hollandaise. 6 pièces.

133 **Charlet**. Scènes militaires à la plume et au crayon. 17 pièces lithographiées.

134 **Charon**. Molière annnonçant la défense du Tartuffe. — Regnard sur les bords de la mer glaciale. — Voltaire à la Bastille composant la Henriade, d'après Bouchot. 3 portraits.

135 **Chevillet**. Mademoiselle sa Sœur, d'après Heillmann. Très-belle ép.

136 **Cochin** (Ch. Nic.). Frontispice de l'Ency-
clopédie, par L. Prévost. Très-belle ép., toutes
marges.

137 **Collaert** et **Sadeler**. Compositions bibliques
et mythologiques. 71 pièces.

138 **Coqueret**. Les Gastronomes en jouissance,
d'après H. Vernet. — Les Gastronomes sans
argent, d'après C. Vernet. Pièces faisant pendants. Très-belles ép.

139 — Intérieur du café Procope. Très-belle ép.

140 **Coypel** (Charles). Jeu d'enfants, par Lépicié. Très-belle ép., déchirée dans la marge du
bas.

141 — Le Négligé galant. — La Toilette de nuit. —
Pyrame et Thisbé, etc. 6 pièces.

142 **Coypel** (Antoine). L'Amour et Psyché. — Cupidon vient au secours de Psyché. — Vertumne
et Pomone. — Triomphe de Vénus. — De Thrace
aux forges de Vulcain. — Vénus sur les
eaux, etc. 13 pièces.

143 **Cunego**. Frédéric II, roi de Prusse, Cuningham.
Très-belle ép.

144 **Daullé**. Mme Favart, rôle de Bastienne, d'après
Vanloo. Très-belle ép.

145 — Mlle Pélissier, d'après H. Drouais. Très-belle
ép.

146 **Debucourt**. d'après **C. Vernet**. Chacun son
tour. Trés-belle ép., en couleur.

147 — Inutile Précaution. Très-belle ép., en couleur.

148 — La Danse des chiens en désordre. Superbe ép., en couleur.

149 — Route de Poissy. — Route de Saint-Cloud. — Très-belles ép., rognées du haut, en couleur.

150 — Les Anglais à Paris. — Route de Saint-Cloud, copie. — Le Marchand de chevaux normands, par Charon, 3 pièces.

151 **Debucourt** (d'après). — L'Instruction villageoise, par Glairon Mondet. Très-belle ép.

152 — Le Juge, ou la Cruche cassée, par Le Veau. Très-belle ép.

153 **Decamps**. Le Singe peintre, par Soulange Teissier. Très-belle ép.

154 **De Larmessin** (Nicolas). Les Éléments, d'après l'Albane. Suite de quatre pièces. Très-belles ép., toutes marges.

155 **De Launay** (Nicolas). Angélique et Médor, d'après J. Raoux. Très-belle ép. avant la dédicace.

156 — La Chute dangereuse, d'après Fr. Meyer. Très-belle ép. avant la dédicace.

157 **De Longueil**. Le galant Jardinier. — La Leçon de musique, d'après Wille fils. Vignettes faisant pendants. Ép. avant la lettre.

158 **Demarteau.** Jupiter et Léda, d'après Boucher. Aux deux crayons. Très-belle ép.

159 — C'est la fille à Simonette, d'après le même, Très-belle ép. à la sanguine.

160 — Jeune Femme nûe jouant du tambour de basque, d'après le même. Très-belle ép. à la sanguine.

161 **Demarteau** et autres. Pastorales, Études, etc. A la sanguine. 6 pièces.

162 **De Mouchy.** Le Danger de la bascule. — La Tricherie reconnue, d'après Le Peintre; pièces faisant pendants. Très-belles ép.

163 **Dennel.** Comparaison du bouton de rose, d'après G. de Saint-Aubin. — La Vertu irrésolue d'après Mme Lebrun. Pièces faisant pendants. Très-belles, cette dernière double. 3 pièces.

164 **Desnoyer** (Auguste). Bélisaire, d'après F. Gérard. — Homère par Raph. — Urb. Massard, d'après le même. Pièces faisant pendants. Très-belles ép. avec le cachet.

165 **De Troy** (d'après Fr.). François de Troy, par Bouys. — Jean de Troy, par Simon Vallée. 2 portraits.

166 **Dietrich, Loutherbourg, Weirotter.** Paysages et Marines. 35 pièces.

167 **Divers.** L'Enfance, par Baléchou, d'après Dandré Bardon. — L'Amant regretté. — Hony soit qui mal y pense, d'après Davene. — Le Retour de la consultation, d'après Bilcoq. — Savoyarde, d'après Bouchardon. 6 pièces.

168 — Pascal Paoli. — Buffon. — De Malesherbes. — Couédic, etc. 5 portraits.

169 — Antoine Furetière, par Thomassin. — Henry de Beringhen, par B. Audran. — Gabriel Grillot, par Baléchou, etc. 4 portraits.

170 — Louis Pécour, par Chereau. — Michel Lasne, par Habert. — J.-B. Rousseau, par Daullé. — Fr. Desportes, par Joullain. 4 portraits.

171 — Jacob Sirmond, par Vermeulen. — Firmin-Louis Tournus, par Mutel. — MM. Firmin-Louis Tournus, prêtre, et François de Pâris, diacre. 3 portraits.

172 — Louis XIV terrassant l'Hérésie, par Vermeulen. — Louis XV, roi de France et de Navarre, par de Larmessin, d'après Vanloo. 2 portraits.

173 — Gaston de Rohan, par L. Cars, d'après Rigaud. — André Hercules, cardinal de Fleury, par Thomassin, d'après Autreau. 2 portraits.

174 — Le Flûteur. — L'Espagnol. — Le chaste Joseph. — Jupiter et Danaë, etc. 7 pièces.

175 — Ni l'un ni l'autre. — Ah! c'en est fait je me marie. — Douce Rêverie. — Naissance de Vénus. — Les Enfants égarés. — La Circassienne au bain, etc. 8 pièces.

176 — Paysages et Marines. 7 pièces.

177 — Sujets mythologiques d'après l'Albane, Louis de Boulogne, Fouché, Jouvenet, etc. 19 pièces.

178 — Coriolan. — Hérodiade. — Judith et Holopherne. — L'Alliance de la Peinture et du Dessin. — Les Adieux d'Hector et d'Andromaque. — Arrivée du roi au Havre-de-Grâce, etc. 15 p.

179 — Le Printemps. — La Musique. — La Sculpture. — L'Abbé en conquête. — Le Souhait de la bonne année au grand-papa. — La Pupille. — Le Négociant. — L'Écueil de l'Innocence. — La Crainte, etc. 15 pièces.

180 — Le Christ dans différentes attitudes. — 8 pièces.

181 Drevet (Pierre). Marie, duchesse de Nemours, d'après Rigaud. Très-belle ép.

182 — Hyacinthe Rigaud, d'après lui-même. Très-belle ép.

183 — Antoine Arnault, d'après Champagne. — Louise-Adélaïde d'Orléans, d'après Gobert. — Louis de Bourbon, prince de Conti, d'après Rigaud. — Louis XIV en pied, d'après le même. 4 portraits.

184 Drevet et **Lépicié**. Adrienne Le Couvreur. — Charlotte Desmares, d'après Ch. Coypel. Portraits faisant pendants. Très-belles ép.

185 Dumouchel. Le Bain. — Le Nourrisson, par P. Dupin. Pièces faisant pendants.

186 Dupuis (Charles). — Marie-Françoise Perdrigeon, épouse d'Étienne-Paul Boucher, d'après J. Raoux. Très-belle ép.

187 Durer (Albert). La Nativité (B. 2). Ancienne ép.

188 — La Vierge à la couronne d'étoiles et au sceptre (B. 22). La Vierge avec l'enfant Jésus emmailloté (B. 32). Bonnes ép. 2 pièces.

189 — Le Seigneur et la Dame (B. 94). Très-belle ép., quelques déchirures.

190 Durer (par et d'après A.). La Vierge au singe. — Saint Hubert. — La Vierge à la porte. — Adam et Ève. — La Mélancolie. — Le Cavalier de la Mort. — Le petit Cheval, etc. 27 pièces.

191 — Estampes tirées de la Vie de la Vierge, de ia petite Passion. 7 pièces, grav. sur bois.

192 **Dyck** (Van). Louis van Uden, par Vorsterman. — Ch. Vander Lamen, par Clouet. — Gérard Honthorst, par P. Dupont. — Pierre de Jode, par lui-même. — Saint Antoine, par Beauvais. — Jésus-Christ porté au tombeau. — Samson pris par les Philistins, par L. Bonnet. 7 pièces.

193 — La plus belle des Mères, par Massard. Très-belle ép.

194 — La même pièce, belle ép.

195 **Earlon** (Richard). Fleurs et Fruits, d'après Van Huysum. Pièces faisant pendants. Très-belles ép.

196 — **École anglaise** Georgiana, duchess of Devonshire, par V. Green, d'après Maria Cosway.

197 — Caroline duchesse de Marlborough, avec lady Caroline Spencer, sa fille, par Houston, d'après Reynolds. — Deux jeunes filles et un jeune garçon jouant avec un mouton, par Green d'après Wright. — Jeunes Femmes se tenant embrassées, l'une tient une corbeille de fleurs, par Dixon, d'après Reynolds. 3 pièces.

198 — Jane, comtesse d'Harrington, par Bartolozzi d'après Reynolds. — Lady Erskine, par Watson, d'après Ramsay. — Anna de Mortau, d'après Van-Dyck. 3 pièces.

199 — Fiamingo, par M. Ardell. — The Lord Easton,
par Smith, d'après Kneller.. — William Draper,
par Faber, d'après Ch. Philips. — Garrick entre
la Tragédie et la Comédie, par Corbutt, d'après
Reynolds. 4 pièces.

200 — Portraits de femmes par Houston et M. Ardell
d'après Reynolds. — The Brickdust Man. — Le
Moine et la jeune Pénitente. — Flora d'après
Rosalba. — Love in bondage, d'après G. Reni.
— The Humourist, or Piping-Girl, par P. Cor-
but, d'après Molenaar, etc. 9 pièces.

201 — Le Jugement de Salomon. — Hermaphrodite.
— Faun. — Veillez, amans si l'Amour dort. —
The Nightmare, etc. 5 pièces par Bartolozzi,
d'après Cipriani, Guerchin, A. Kauffmann, Paul
Véronèse, etc.

202 — La Gazette de Londres, par Ravenet, d'après
Pillement. Très-belle ép.

203 — Le Repos des Nymphes, par Picot, d'après
Zuccarelli. En couleur. Très-belle ép., manquant de conservation.

204 — Alfred III, roi de Mercia, visitant Guillaume
d'Albanac. — Alfred le Grand partageant son
pain avec le pèlerin, par Michel et Sharp,
d'après B. West. Pièces faisant pendants.

205 — Une Conversation. Paix! désobéissant... —
Brutus. — Épaminondas. — Pyrame et Thisbé.
— Gravures de Thouvenin, D. Cunego, Bernard
et Cano, d'après J. Steen, Wilkie, Hamilton,
West et Bramer. 5 pièces.

206 — Le Mariage à la mode, suite complète de 6 planches gravées par G. Scotin, d'après W. Hogarth. Très-belles ép.

207 — Le Mariage à la mode, 4 pièces à l'eau-forte d'un format plus grand que les précédentes.

208 — Caricatures, scènes de mœurs, Défets du mariage à la mode. 9 pièces d'après Hogarth.

209 — Vues des cités de Londres et Westminster, nord et midi, par Daniel, d'après G. Robertson. — Vues du château de Windsor, nord et midi, par James Fittler, d'après le même. Suite de 4 pièces.

210 — Marines, paysages, sujets de chasse, gravés par W. Woollett, d'après Wilson, Mortimer, Wright, Pillement et Stubbs. 5 pièces.

211 — Paysages par Canot, Ellis, Norton, Vivares et Woollett, d'après Ferg, Hearne, Pillement et G. Poussin. 6 pièces.

212 — **École flamande**. Jésus portant sa croix. — Ecce homo. — Les Joueurs de cartes. — Femme au bain, etc. 6 pièces.

213 — Le Rubis sur l'ongle. — La jeune Égrillarde. — Iris inquiète. — La Marchande de poissons. — Le Chariot de Flandre. — Le Vieillard et ses enfants. — Fureur bachique. — Le Gâteau des rois. — La Santé du roi, etc. 15 pièces.

214 — Sujets de Vierges et compositions **diverses** de la Passion. 11 pièces.

215 — Sujets familiers. — Vues. — Paysages. — Animaux. 32 pièces.

216 **École française** (xviiᵉ siècle). La Résurrection de Lazare, par Bellangé. — La Sainte Famille, par Blanchard. — Le Christ en croix, etc.
7 pièces.

217 **École hollandaise.** Divertissement de la
foire d'Amsterdam. — Corps de garde des offi-
ciers hollandais. — Les Baigneuses épiées, etc.
7 pièces.

218 **École italienne.** Le Repos du plaisir. — Carlo
Broschi detto Farinelli. — Les trois Colonnes
du Campo Vaccino, etc. 8 pièces.

219 — Sujets divers. — Vues. — Sujets religieux
et mythologiques. 25 pièces.

220 **Edelinck** (Gérard). Mouton, d'après de Troy.
Très-belle ép.

221 — Hyacinthe Rigaud, d'après lui-même. Très-
belle ép.

222 — Louis XIV. — Daniel Schraderi. — J.-B.
Santeuil. — Ph. de Champagne. — Crispin, etc.
7 portraits.

223 — Mᵐᵉ de La Vallière en Madeleine, d'après Ch.
Le Brun. Très-belle ép.

224 **Eisen** père (François). Amusement de la jeunesse, par N. Dupuis et Salvador Carmona,
pièces faisant pendants. Déguisements enfantins
par N. Dupuis. 3 pièces.

225 **Eisen** (Charles). Les Délices de la vie cham-
pêtre, par de Ghent. — Les Désirs satisfaits, par
Patas. — Henri IV et Gabrielle, par de Mouchy.
— Le Bouquet bien reçu, par Gaillard. 4 pièces.

226 **Falk, G. de Gheyn, Humbelot.** Femmes vues à mi-corps représentant les âges et les mois. 15 pièces.

227 **Falens** (Van). Le Chasseur fortuné. —Rendez-vous de chasse. — Halte de chasseurs, etc. 8 pièces.

228 **Fessard** (St.). La Tourterelle. — Le Chant, d'ap. Lagrenier, pièces faisant pendants.

229 **Flamend** (Léopold). La Ronde de nuit, d'ap. Rembrandt. Très-belles ép. sur papier du Japon.

230 La Pièce de cent florins, d'ap. le même, ép. tirée sur papier de Hollande.

231 **Forster.** Les Trois Grâces, d'ap. Raphaël. Très-belle ép. sur chine.

232 **Fragonard** (Honoré). Son Portrait par Lecarpentier. Très-belle ép. avant le nom du graveur.

233 — L'Armoire. Pièce capitale du maître. Superbe ép. avant toutes lettres.

234 — Pierres antiques. Suite de 4 pièces. Belles ép.

235 **Fragonard** (D'ap. H.). Annette à l'âge de vingt ans, par Godefroy. Très-belle ép.

236 La Bonne Mère par N. de Launay. Très-belle ép., quelques déchirures.

237 — La Cachette découverte, par N. de Launay. Superbe ép. avant la dédicace. Toutes marges.

238 — La Chemise enlevée, par E. Guersant. Manque de condition.

239 — Le Chiffre d'amour, par N. de Launay. Superbe ép. Toutes marges.

240 — Le Colin-Maillard, par Beauvarlet. Très-belle ép., quelques déchirures.

***

241 — Le Contrat, par Blot. Tirage moderne.

242 — La Coquette fixée, par J. Couché et Dambrun. Très-belle ép. avant la dédicace.

243 — La Culbute, par Charpentier. Fac-simile à l'aqua-tinte du dessin de Fragonard. En bistre.

244 — La Famille du fermier, Beauvarlet *direxit*. Très-belle ép.

245 — La Gimblette, par Bertony. Très-belle ép.

246 — Le Baiser, par Marchand. — Grandeur d'âme de Corésus, par Danzel. — L'Inspiration favorable, par Halbou. 3 pièces.

247 — Ma chemise brûle!... par Augustin Le Grand. Très-belle ép.

248 — La Nuit, par Regnault. Très-belle ép. avant la lettre. Manque de condition.

249 — Les Jets d'eau. — Les Pétards. *A Paris chez Alibert, marchand d'estampes.* 2 pièces.

250 — Les Plaisirs interrompus, par Wille. Tirage moderne.

251 — Les Baignets, par de Launay. Très-belle épreuve avant la dédicace.

252 — Dites donc s'il vous plaît, par le même. Très-belle épreuve.

253 — L'Heureuse fécondité, par le même. Très-belle épreuve, quelques déchirures.

354 — L'Innocence inspire la tendresse, par Voisard. Très-belle épreuve avant la dédicace.

255 — Le Petit Prédicateur, par de Launay. Très-belle ép., toutes marges.

256 — L'Éducation fait tout.— Le Petit Prédicateur, par de Launay. 2 pièces, tirage moderne.

257 — Le Pot au lait, par Ponce. Tirage moderne.

258 — La Résistance inutile, par G. Vital. Très-belle
épreuve.

259 — Sacrifice de la rose, par H. Gérard. Bonne
épreuve.

260 — Le Serment d'amour, par J. Mathieu. Très-
belle épreuve.

261 — La Fontaine d'amour. — Le Songe d'amour,
par N.-F. Régnault. Pièces faisant pendants.
Très-belles épreuves.

262 — Le Temps orageux, par J. Mathieu. Très-
belle épreuve.

263 — Le Verre d'eau, par H. Ponce. Très-belle et
ancienne épreuve.

264 — Le Verrou, par M. Blot. Très-belle épreuve.

265 — Vignettes in-4 pour les Contes de La Fontaine,
épreuves avant la lettre. 3 pièces.

266 — Épreuves avec la lettre. 10 pièces.

267 — Le Rideau, par Marckl. Très-belle épreuve
sur Chine.

ESTAMPES POUR LE MONUMENT DU COSTUME PHYSIQUE
ET MORAL AU XVIIIe SIÈCLE

268 **Freudenberg**. 1. Le Lever, par Romanet.
Épreuve rognée au cadre.

269 — 2. Le Bain, par Romanet. Même condition.

270 — 3. La Toilette, par Voyez l'aîné.

271 — 4. L'Occupation, par Lingée.

272 — 5. La Visite inattendue, par Voyez l'aîné.
Très-belle épreuve avant le numéro.

273 — 6. La Promenade du matin, par Lingée. Très-belle épreuve avant le numéro, grandes marges.

274 — 7. Le Boudoir, par P. Maleuvre. Très-belle épreuve, grandes marges.

275 — 8. Les Confidences, par Lingée. Très-belle épreuve avant le numéro, grandes marges.

276 — 9. La Promenade du soir, par Ingouf jeune. Très-belle épreuve avant le numéro, grandes marges.

277 — 10. La Soirée d'hier, par Ingouf jeune. Rare épreuve de la planche non terminée. Dans cet état, le cadre qui entoure la composition n'existe pas.

278 — La même pièce. Très-belle épreuve de la planche terminée, avant le numéro, marges.

279 — 11. L'Événement au bal, par Duclos et Ingouf. Très-belle épreuve avant le numéro, grandes marges.

280 — 12. Le Coucher, par Duclos et Bosse. Épreuve rognée au cadre.

281 — La Surprise, par Ingouf. Épreuve de la planche réduite.

282 — Le Petit Jour, par N. de Launay. Très-belle épreuve.

283 — Le Bouquet de la fermière, par Feigl. — Le Galant chirurgien, par Trière. 2 pièces.

284 — La Félicité villageoise. — La Gaieté conjugale, par de Launay. Pièces faisant pendants.

285 — Les Époux curieux. — L'Horoscope accompli,
par Ponce. — La Famille en goguette, par
Baquoy. 3 pièces.

286 **Gaillard**. Jean-Baptiste Bertin, d'après Rollin.
— Christophe de Beaumont, d'après Chevallier.
— François Joly de Fleury, d'après Didier.
3 portraits.

287 **Gaultier** (Léonard). Le Jugement dernier,
d'après Michel-Ange. Bonne ép.

288 **Gellée** (Claude). Apollon et les Saisons. — Le
Campo Vaccino. — L'Enlèvement d'Europe. —
La Danse sous les arbres, etc. 6 pièces.

289 **Gérard** (Mlle). L'Espoir du retour. — La Visite
inattendue, par H. Gérard. Pièces faisant pendants.

290 — Dors, mon enfant. — Les Premières Caresses
du jour, par le même. Pièces faisant pendants.

291 — L'Heure du rendez-vous, par H. Gérard. —
Ah! le voilà! par N. Gérard, d'après Vangorp.
Pièces faisant pendants.

292 **Gillot** (Claude). La Naissance. — L'Éducation.
— Le Mariage. — Les Obsèques. — Fête de
Bacchus. — Fête de Diane. — La Passion des
richesses. — La Passion de l'amour. — La
Passion de la guerre. — La Passion du jeu, etc.
12 pièces. Très-belles ép.

293 **Girardon**. Différentes Vues de sa galerie,
gravures de Nic. Chevallier, d'après les dessins
de Oppenort et Charpentier. Suite de 13 pièces.
Modèles de tombeaux, 8 pièces. En tout 21 p.

294 **Gole** (Jacques). Louise de la Miséricorde, cy-
devant appellée Louise-Françoise de La Baume
Le Blanc, duchesse de La Vallière, maintenant
religieuse de l'Ordre des Carmélites, d'après
Plaats. Très-belle ép.

295 **Goya**. Pièces détachées des Caprices et de la
Tauromachie. 16 pièces. Anciennes épreuves.

296 **Gravelot** (Hubert). Le Lecteur, par R. Gaillard.
Très-belle ép.

297 **Greuze** (J.-B.). La Poésie, par F.-A. Moitte.
Très-belle ép.

298 — Le doux regard de Colin. — Le doux regard
de Colette, par A -F. Dennel. Très-belles ép.
2 pièces.

299 — La Jeune Tricoteuse endormie, par Claude-
Donat Jardinier. Très-belle ép.

300 — Le Donneur de sérénade. — La Paresseuse,
par P.-E. Moitte. 2 pièces faisant pendants.

301 — Jeune Fille pleurant son oiseau mort, par
J.-J. Flipart. Très-belle ép.

302 — L'Épagneul chéri, par Porporati. Très-belle
épreuve.

303 — Les Premières Leçons de l'Amour, par Voyez
l'aîné. Très-belle ép.

304 — Ne l'éveille pas, par Laurent Cars. Ép. avant
toutes lettres.

305 — Ne l'éveille pas, par L. Cars. — L'Enfant
gâté, par Maleuvre. Très-belles ép.

306 — Le Malheur imprévu, par de Launay. Très-
belle ép.

307 — La Cruche cassée, par J. Massard. Belle ép.

308 — La Laitière, par J.-C. Le Vasseur. Très-belle
épreuve.

309 — L'Éducation d'un jeune Savoyard, par Jac.
Alianiet. — La Jeune Fermière, par Françoise
Deschamps, femme Beauvarlet. Très-belles ép.

310 — La Colombe chérie. — Le Petit Polisson. —
La Petite Sœur. — La Paresseuse. — Le Fermier
brûlé, etc. 7 pièces.

311 — L'Accordée de village, par J.-J. Flipart.
Très-belle ép. Elle a une déchirure.

312 — Le Paralytique servi par ses enfants, par le
même. Très-belle ép.

313 — La Mère bien-aimée, par Massard. Très-belle
épreuve.

314 — Le Gâteau des rois, par J.-J. Flipart. Très-
belle ép.

315 — La Dame bienfaisante, par Massard. Très-
belle ép.

316 — La Malédiction paternelle, par R. Gaillard.
Très-belle ép.

317 — La Belle-Mère, par C. Le Vasseur. Très-belle
épreuve.

318 — Le Testament déchiré, par J.-Ch. Le Vasseur.
Ép. avant la lettre. Quelques déchirures.

319 — Les Sevreuses, par Tilliard et Ingouf. — Le
Père de famille lisant la Bible à ses enfants. —
L'Occupation paisible, etc. 4 pièces.

320 **Guérard** (Nicolas). Singeries amoureuses.
2 pièces faisant pendants.

321 **Henriquez**. D'Alembert, d'après Jollain. —
Diderot, d'après Vanloo. 2 pièces. Très-belles
ép. Toutes marges.

322 **Hilair**. L'Esclave heureux, par J. Mathieu.
Tirage moderne.

323 **Hoin**. L'Écueil de la sagesse, par de Mouchy.
Très-belle ép.

324 **Hüet** (D'après J.-B.). Le Déjeuner. — Le Dîner,
par Bonnet. Très-belles ép. en couleur.

325 — Ce qui est bon à prendre est bon à garder,
par Chaponnier. Trés-belle ép. avant la lettre.

326 — Thétis et Protée. — Jupiter et Io. — Hespérie
. fuyant Éaque. — Vénus sur les eaux, par
Bonnet. 4 pièces en couleur.

327 **Incroyables**. C'est inconcevable, tu n'es pas
reconnaissable. — Faites la paix. — Incroyables.
3 pièces, réductions imprimées en rouge.

328 — L'Anglomane. — L'Inconvénient des per-
ruques, par Darcis, d'ap. Carle Vernet. 2 pièces.
Très-belles ép.

329 — Les Incroyables. — Les Merveilleuses, par
Darcis, d'ap. C. Vernet. 2 pièces. Très-belles ép.

330 — Marche incroyable, par Bonnefoy, d'après
Boilly. Très-belle ép.

331 **Janinet**. La Comparaison, d'après Lavreince.
En couleur. Très-belle ép., manque de conservation.

332 — La Toilette de Vénus, d'après Boucher. En
couleur.

333 **Jeaurat**. Déménagement d'un peintre, par
Cl. Duflos. Très-belle ép. Grandes marges.

334 — Le Fiacre, par Pasquier. — Le Goûté, par
Balechou. Très-belles ép. 2 pièces.

335 — L'Accouchée. — La Relevée, par Lépicié.
Pièces faisant pendants. Très-belles ép.

336 — Le Carnaval des rues de Paris. — Le Transport des filles de joye à l'hôpital, par C. Le
Vasseur. Pièces faisant pendants. Très-belles
épreuves.

337 — Enlèvement de police, par Cl. Duflos. — La
Place des Halles, par Aliamet. — Naissance de
Vénus, par Aubert. — Le Carnaval des rues de
Paris, par Le Vasseur. 4 pièces.

338 **Jordaens** (Jacques). Le Satyre chez le paysan.
— Jupiter nourri par la chèvre Amalthée. —
Chasteté de Joseph. — Tarquin et Lucrèce. —
Le Risible Concert. — Le Roy de la Fève. 7 pièces.

339 **Kraus** (G.-M.). Le Chaudronnier. Le Racco-
modeur de faïence, par L. A de Buigne. — La
Gaieté sans embarras, par Ch. Le Vasseur.
3 pièces.

340 **Lafage** (Raymond). Bacchanales. 11 pièces gravée à l'eau-forte.

LA FONTAINE (Jean de).

ILLUSTRATIONS POUR LES CONTES

341 — **Boucher** (François). Le Calendrier des
vieillards. Très-belle ép., marges.

342 — La Courtisane amoureuse. Très-belle ép.

343 — Le Fleuve Scamandre. Très-belle ép.

344 — Le Magnifique. Très-belle ép., marges.
Ces quatre Estampes sont gravées par de Larmessin.

345 — **Eisen** (Charles). Le Cas de conscience, par Tardieu. Très-belle épreuve, grandes marges.

346 — Promettre est un et tenir c'est un autre, par Le Grand. Très-belle ép., marges.

GRAVURES DE DE LARMESSIN

347 — **Lancret** (Nicolas). A femme avare galant escroc (E. Bocher 2). Très-belle ép., grandes marges.

348 — Les Deux Amis (E. B. 25). Très-belle ép., marges.

349 — Le Faucon (E. B. 32). Très-belle ép., marges.

350 — Le Gascon puni (E. B. 35). Très-belle ép.

351 — Nicaise (E. B. 53). Très-belle ép., marges.

352 — On ne s'avise jamais de tout (E. B. 55). Très-belle ép., grandes marges.

353 — Les Oyes de frère Philippe (E. B. 56). Très-belle ép.

354 — Pâté d'anguille (E. B. 59). Très-belle ép.

355 — Le Petit Chien qui secoue de l'argent et des pierreries. (E. B. 60). Très-belles ép., marges.

356 — Les Rémois (E. B. 69). Très-belle ép., marges.

357 — La Servante justifiée (E. B. 73). Très-belle ép.

358 — Les Troqueurs (E. B. 83). Très-belle ép.

Ces douze Estampes forment la suite complète des compositions de Lancret.

359 **Le Mesle.** La Clochette, par Fillœul. Très-belle ép.

360 — Le Cuvier, par Seinvork. Très-belle ép.

361 **Lorrain**. La Chose impossible, par D. Sornique. Très-belle ép.

GRAVURE DE FILLŒUL

362 **Pater**. Les Aveux indiscrets. Très-belle ép., marges.

363 — Le Baiser donné. — Le Baiser rendu. 2 pièces.

364 — Le Cocu battu et content. Superbe ép., grandes marges,

365 — Le Glouton. Très-belle ép.

366 — La Matrone d'Éphèse. Superbe ép., grandes marges.

367 — Le Savetier. Très-belle ép.

368 **Ramberg**. Les Lunettes. Eau-forte, gr. in-fol. Très-belle ép.

GRAVURES DE DE LARMESSIN

369 **Vleughels** (Le Chevalier). Le Bast. Très-belle ép.

370 — Frère Luce. Très-belle ép.

371 — La Jument du compère Pierre. Très-belle ép.

372 — Le Villageois qui cherche son veau. Très-belle ép.

373 **Divers**. Le Bât, par Lindor d'après Challe. — Frère Luce, par Elluin d'après Subleyras. — Les Oies de frère Philippe. — La Servante justifiée. — Le Gascon puni. — Le Cuvier. — Le Poirier enchanté. 7 pièces

374 **Lagrenée.** Les Grâces lutinées par les Amours.
— Les Amours enchaînées par les Grâces. —
Triomphe de la peinture. — Pigmalion amou-
reux de sa statue, etc. 7 pièces.

375 **La Guillermie.** Les Lances, d'après Vélas-
quez, très-belle épreuve portant le n° 71.

376 **Lallement et Lacroix.** La Bergère des Al-
pes. — La Cascade de Tivoli. — Vue près
Pouzzoles au golfe de Naples, etc. 7 pièces
avant et avec la lettre.

377 **Lancret.** (Nicolas). Les Amours du bocage.
(E. Bocher, 8), par de Larmessin. Très-belle ép.

378 — Le Berger indécis, par J. Tardieu (E B. 16).
Très-belle ép.

379 — Les Charmes de la conversation, par Petit
(E. B. 18). Très-belle ép.

380 — La Coquette de village, par de Larmessin
(E. B. 21). Très-belle ép. Grandes marges.

381 — *Dans cette aimable solitude...* A Paris, chez
Crépy (E. B. 24). Copie en contre-partie de
l'Estampe de Cochin.

382 — Les Gentilles baigneuses, par Moitte (E. B.
36). Très-belle ép.

383 — Le Jeu de pied de bœuf, par de Larmessin
(E. B. 43). Très-belle ép.

384 — L'Adolescence. — La Jeunesse, par de Larmessin (E. B. 1-45). 2 pièces.

385 — Le Maître galant, par J. P. Le Bas (E. B. 48).
Épreuve d'un tirage postérieur.

386 — *Lise s'en va changer d'humeur et de visage... —
Près de vous, belle Iris, ce fantasque minois...
Quand vous voulez toucher quelque cœur amoureux... Quoi! n'avoir pour vous trois qu'une seule
bouteille?...* par M. Horthemels (E. B. 47, 62,
65, 67). Suite de 4 pièces. Très-belles ép.

387 — Les Parties du jour, par de Larmessin (E. B.
10, 49, 50, 74). Suite de 4 pièces. Très-belles
ép.

388 — Les Éléments, par N. Tardieu, L. Des Places,
B. Audran et C.-N. Cochin (E. B. 4, 27, 34, 75).
Suite de quatre pièces, collées en plein.

389 — *Que le cœur d'un amant est sujet à changer!...*
Le Printemps. — La Terre. — L'Eau. — Le Feu.
Cinq pièces.

390 **Lang** (B.). L'Amant dangereux. — La Bergère
couronnée. — L'Heureux tête-à-tête. — Le
Repos agréable. Par Demouchy. Suite de 4
pièces.

391 **Langlois** (A Paris chez). Buffet à la mode, où
l'on voit la menuiserie la plus nouvelle;
plusieurs pièces d'orfévrerie des plus à la mode
et plusieurs pièces de porcelaine, aussi des plus
à la mode.

392 **Lantara**. Paysages et Marine. Cinq pièces.

393 **Lasinio** (Carlo). Les Loges du Vatican, d'après
Raphaël. Suite de 13 pièces y compris le titre.
Très-belles ép.

394 **Lavreince** (Nicolas). La Comparaison, par
Janinet (E. B. 12). Très-belle ép., en couleur.

·395 — La Consolation de l'absence, par N. de Launay (E. B. 14). Superbe ép. Toutes marges.

396 — Le Contre-temps, par Dequevauviller (E.-B. 15). Tirage moderne.

397 — Le Déjeuner anglais, par Vidal (E. B. 17). Belle ép.

398 — Les Deux Cages ou la plus heureuse, par de Bréa (E. B. 19). Très-belle ép. du premier état avant toutes lettres.

399 — Le Directeur des toilettes, par Voyez l'aîné (E. B. 21). Très-belle ép., tachée.

400 — L'Heureux moment, par N. de Launay (E. B. 28). Très-belle ép.

401 — L'Innocence en danger, par Caquet (E. B. 31). Très-belle ép.

402 — Le Coucher des Ouvrières en modes. — Le Lever des Ouvrières en modes, par Dequevauviller (E. B. 16, 36). Pièces faisant pendants. Très-belles ép.

403 — Le Mercure de France, par Guttemberg le jeune (E. B. 38). Très-belle ép. Grandes marges.

404 — Les Nymphes scrupuleuses, par Vidal (E. B. 42). Très-belle ép. avant toutes lettres et avant la guirlande.

405 — La Balançoire mystérieuse. — Les Nymphes scrupuleuses, par Vidal (E. B. 9, 42). Pièces faisant pendants. Très-belles ép.

406 — La Partie de musique, par V. Langlois (E. B. 46). Très-belle ép. Marges.

407 — Le Roman dangereux, par Helmann (E. B. 56). Très-belle ép.

408 — Les Sabots, ar Masquelier (E. B. 57). Très-belle ép. avant la lettre.

409 — L'Accident imprévu. — La Sentinelle en défaut, par d'Arcis (E. B. 1, 58). Pièces faisant pendants. Très-belles ép.

410 — Les Soins mérités, par de Launay (E. B. 60). Très-belle ép.

411 **Le Barbier.** La Douceur. — Canadiens au tombeau de leurs enfants. — Le Mari dupe et content. — La Prudence en défaut. — Monument érigé à Genève à J.-J. Rousseau. 5 pièces.

412 **Le Bas** (J.-Ph.). Halte des Gardes suisses. — Rencontre de cavalerie l'épée à la main, d'après Parrocel. Trés-belles ép. 2 pièces.

413 **Le Bas et Martini.** Première vue de l'Isle Barbe, au milieu de la Saône, au-dessus de Lyon, représentant le matin d'une fête. — Deuxième vue de l'Isle Barbe, représentant l'après-midi d'une fête, d'apres D. Ouvrier. 2 pièces.

414 **Le Brun** (Charles). Les Batailles d'Alexandre, par J. Audran. Suite de 6 pièces. Très-belles ép.

415 — Tapisseries de Son Altesse Monseigneur le duc d'Orléans. 17 pièces. Très-belles ép.

416 **Le Brun** (L. E. Vigée). L'Innocence se réfugiant dans les bras de la Justice, par Bartolozzi. — La Paix qui ramène l'Abondance, par P. Viel. 2 pièces. Très-belles ép.

417 **Leclerc** (Sébastien). Sujets divers. 27 pièces.

418 **Le Clerc**. Vie de l'Enfant prodigue. 5 pièces gravées par Basan. De F***, Gaillard, Teucher.

419 **Lemoine** (François). La Continence de Scipion. — Iphigénie secourant la princesse de Mycènes. — Céphale enlevé par l'Aurore. — Adam et Ève. — Diane et Calisto. — L'Enlèvement d'Europe, etc. 12 pièces. Très-belles ép.

420 **Lempereur**. L'Attente du plaisir, d'après Annibal Carrache. Très-belle ép.

421 **Le Nain**. Son portrait et différents sujets flamands. 7 pièces.

422 **Le Noble**. Abeilard et Héloïse, d'après Gardner. Très-belles ép. 2 pièces.

423 **Leprince** (J.-B.). Les Modèles. — La Leçon inutile. — La Diseuse de bonne aventure. — Le Concert russien. — Le Marchand de lunettes. — Le Médecin clairvoyant. — La Promesse approuvée. — L'Enfant chéri. — Le Bonheur du ménage. — La Lettre envoyée. — La Lettre rendue, etc. 17 pièces.

424 **Le Vasseur** (J.-C.). L'Age agréable, d'après Laubert. Très-belle ép. avant la dédicace.

425 **Leyde** (Par et d'après Lucas de). Le Christ couronné d'épines. — Tentation de saint Antoine. — Conversion de saint Paul, etc. 6 pièces.

426 **Lignon** (Frédéric). Mlle Mars, d'après F. Gérard. — Talma, d'après Picot. Portraits faisant pendants.

427 **Loutherbourg** (Ph.-L.). L'Amant curieux.
— L'Agneau chéri, par **J.-J.** Le Veau. — Le
Doux repos des bergers, par P. Laurent. Très-
belles ép. 3 pièces.

428 **Massard**. Adam et Ève, d'après Carlo
Cignani. Très-belle ép.

429 **Masson** (Antoine). Pierre Dupuis. — Marie de
Lorraine, duchesse de Guise. — André Le
Nostre, conseiller du roy. 3 portraits.

431 **Mellan** (Claude). Portraits et sujets du Nouveau Testament. 8 pièces.

430 **Mathieu** (J.). Pèlerinagee à Saint-Nicolas,
d'après de Launey de Bayeux. Très-belle ép.

432 **Monnet**. Les Baigneuses surprises. — Salmacis
et Hermaphrodite, par Vidal. Très-belles ép.
2 pièces.

ESTAMPES POUR LE MONUMENT DU COSTUME PHYSIQUE
ET MORAL AU XVIIIe SIÈCLE.

433 **Moreau** (J.-M.). Déclaration de la grossesse,
par Martini. Très-belle ép., *avant la lettre*.

434 — Les Précautions, par Martini. Ép. avec le
Privilége effacé. Grandes marges.

435 — J'en accepte l'heureux présage, par Ph.
Trière. Ép. avec le *Privilége effacé*.

436 — N'ayez pas peur, ma bonne amie! par Helman.
Très-belle ép. *avec le Privilége*. Toutes marges.

437 — C'est un fils, Monsieur, par Baquoy. Très-
belle ép. *avant la lettre*.

438 — Les petits Parrains, par Baquoy et Patas.
Ép. avec le *Privilége effacé*. Grandes marges.

439 — Les Délices de la maternité, par Helman. Très-belle ép. *avant la lettre*. Marges.

440 — L'Accord parfait, par Helman. Très-belle ép. *avant la lettre*.

441 — Le Rendez-vous pour Marly, par Guttemberg. Très-belle ép. *avec le Privilége*. Marges.

442 — Les Adieux, par de Launay. Belle ép. avec le *Privilége effacé*. Marges.

443 — La Rencontre au bois de Boulogne, par Guttemberg. Très-belle ép. *avant la lettre*.

444 — La Dame du palais de la reine, par Martini. Très-belle ép. *avec le Privilége*. Toutes marges·

445 — Le Lever, par Halbou. Ép. *avec le Privilége effacé*.

446 — La petite Toilette, par Martini. *Même condition*.

447 — La grande Toilette, par Romanet. Très-belle ép. *avec le Privilége*.

448 — Le Pari gagné, par Camligue. Très-belle ép. *avant la lettre*. Marges.

449 — Le Seigneur chez son fermier, par J.-L. Delignon. Très-belle ép. *avec le Privilége*. Marges.

450 — La petite Loge, par Patas. Belle ép. *avec le Privilége effacé*.

451 — La Sortie de l'Opéra, par Malbeste. Coupée au-dessous du titre, la beauté de l'ép. témoigne certainement qu'elle est *avec le Privilége*.

452 — **Seconde suite d'Estampes** pour servir à l'histoire des modes et du costume en France, dans le xviiie siècle, année 1776. *A Paris, chez M. Moreau, graveur du cabinet du roi, Cour du Mai au Palais, hôtel de la Trésorerie*. A. P. D. R.

Suite de douze petites réductions in-12. Marges petit in-8. Très-belles ép.

453 — Exemple d'humanité donné par Mme la Dauphine, le 16 octobre 1773, par Godefroy. — La Poule au pot, par David, d'après Dugoure. Pièces faisant pendants. Très-belles ép.

454 — Le Bal masqué. — Les Vœux accomplis. — Les dernières Paroles de J.-J. Rousseau. — Henri IV chez le meunier. 4 pièces.

455 **Morghen** (Raphaël). La Fornarine, d'après Raphaël. Très-belle ép. avec le cachet.

456 **Morin** (Jean). Charles de Valois, duc d'Angoulême, d'après Ph. de Champagne. — Jean-Pierre Cannes, d'après le même. 2 portraits.

457 **Mouchet**. La Méprise, par Anselin et Macret. Très-belle ép.

458 **Nanteuil** (Robert). Boutillier. — Jean Chapelain. — Natalis Le Boultz. — Michel Le Masle. — Jules Mazarin. — Molé. 6 portraits.

459 **Natoire**. Chapelle des Enfants trouvés. Suite complète, et quelques doubles. 16 pièces.

460 **Nattier** (J.-M.). La Force (Mme de Châteauroux), par Baléchou. Très-belle ép.

461 — Marie, princesse de Pologne, reine de France et de Navarre, par J. Tardieu.

462 — Les Éléments, suite de quatre pièces dont nous n'en avons que trois : Madame Adélaïde de France (l'Air). — Madame Marie-Louise-Thérèse-Victoire de France (l'Eau). — Madame Marie-Henriette de France (le Feu), par Beauvarlet, R. Gaillard et J. Tardieu. Très-belles ép.

463 **Netscher** (Gaspard). Son Portrait. — Celui de sa Femme. — Netscher, son épouse et son fils. — Le Repos, etc. 5 pièces.

464 **Ostade** (A. Van). Différents Sujets flamands, gravés par divers. 17 pieces.

465 **Oudry** (J.-B.). Illustrations pour le Roman comique. 13 pièces.

466 — Doubles des précédentes. 5 pièces.

467 — Figures pour les Fables de La Fontaine, in-fol. 5 pièces ép. d'eau-forte.

468 — Epreuves terminées avec la lettre. 34 pièces.

469 — Sujets de chasse. 10 pièces.

470 **Pater**. L'Essay du Bain, par Voyez. Très-belle ép.

471 — La Danse, par Fillœul. — L'Orchestre de village, par Ravenet. Très-belles ép. 2 p.

472 — Illustrations pour le Roman comique de Scarron, gravées par Audran, Jeaurat, Lépicié, G. Scotin et Surugue. Suite complète de 15 pièces. Très-belles ép. grandes marges.

473 — Doubles des précédentes. 10 p. Très-belles ép. grandes marges.

474 **Picart** (Bernard). Le Jeu de pied-de-bœuf. — Le Jeu de la bête à l'ombre. Pièces faisant pendants. Très belles ép. grandes marges.

475 — Sujets historiques. 7 pièces.

476 **Picquenot**. Vue de l'Abbaye du Paraclet, proche Nogent-sur-Seine. — Vue des restes de l'Oratoire d'Abeilard dans l'intérieur de l'Abbaye du Paraclet. — Vue du château de Coucy, d'ap. Bruandet. Très-belles ép. 3 pièces.

477 Pièces historiques. La Mort du patriote Marat.— Marie-Anne-Charlotte Corday, ci-devant Darmans, âgée de 25 ans, assassin de Marat, écrivant sa dernière lettre à son père. Pièces très-curieuses et rares.

478 — La France républicaine. — La Raison, par Darcis. Figures dans des médaillons ronds. 2 p.

479 — Camille Desmoulins, par Bonneville. — Camille Desmoulins dans sa prison écrivant à sa femme.

480 — Les Garants de la Félicité publique. — Les Vœux du peuple confirmés par la Religion, par Née et Masquelier, d'ap. Saint-Quentin et Monnet. 2 pièces.

481 — Les Garants de la Félicité publique. — Inauguration de Louis XVI au Temple de la Constitution, par David, d'ap. Le Jeune. — La France venant au secours des nourrices, par Voysard, d'ap. Borel. Epreuve avant la lettre.— L'Agioteur élevé par la Fortune au plus haut degré de la richesse et de l'abondance. — Jésus-Christ tenté par le Démon. 5 pièces.

482 — Prise de la Bastille, le 14 juillet 1789. — Départ de la milice bourgeoise pour Versailles, le 5 octobre 1789. — Entrée du Roi à Paris, le 6 octobre 1789, par John Wells. 3 pièces coloriées.

483 — Massacre des Huguenots, fait à Paris, le 24 aoust 1572, jour de saint Barthelemi. — Massacre de Henry-le-Grand, roy de France, le 14 mai 1610, par Gap. Bouttats. 3 pièces.

484 — Le Dessein des Hospitaux de Saint-Louis et de Saint-Roch que l'on bastit en la ville de Rouen pour les personnes affligées de la peste. — Le Gouvernement de la ville de Rome, etc. 3 pièces,

485 — Caricatures, Modes. 20 pièces.

486 — L'Espagnol raillé, sortant de Dunkerque. — — Dernières paroles de Mirabeau. — L'Amérique indépendante. — Journée mémorable du 20 juin 1792, etc. 9 pièces.

487 — Mort du général Wolf. — Surprise de Saint-Eustache. — La Mort de Turenne. — Prise de l'isle de Grenade. — Reddition de l'armée de lord Cornwallis. 5 pièces.

488 **Pierre.** Les Forges de Vulcain. — L'Enlèvement d'Europe. — Vénus et l'Amour. — Le Savoyard. — La Savoyarde. — Vénus sortant du bain gardée par l'Amour. 6 pièces.

489 **Poilly.** Guillaume de Lamoignon, d'ap. Ch. Le Brun. Buste fort comme nature. Très-belle ép.

490 **Porporati.** Le Coucher, d'ap. Vanloo. Très-belle ép. — La même, réduction par I..., tirée en bistre. 2 pièces.

491 — La Mort d'Abel. Très-belle ép. avant la lettre.

492 — Garde à vous ! d'ap. Angelica Kauffmann.— Il n'est plus temps ! par Audouin, d'ap. P. Bouillon. Épreuve avant la dédicace. Pièces faisant pendants.

493 — Le Bain de Léda, d'ap. le Corrége. Très-belle ép,

494 **Poussin** (Nicolas). Sujets religieux et Sujets mythologiques. 12 pièces.

495 **Prud'hon** (P.-P.). Gouvion de Saint-Cyr. Lithographie. Très-belle ép. sur chine.

496 — L'Enlèvement d'Europe. Ép. du premier état. Avant : *Journal des Artistes.* Très-belle ép.

497 **Prud'hon** (D'après). La Nouvelle Héloïse. Suite de 5 vignettes gravées par Copia. Très-belles ép.

498 — Aminta. Ép. avant la lettre. — Abrocome et Anzia. — Daphnis et Chloé. — La Grotte. 4 pièces gravées par Roger.

499 — L'Amour rit des pleurs qu'il fait verser. — L'Amour réduit à la raison. — La Vengeance de Cérès. — La Justice et la Vengeance divine poursuivant le crime, etc. 12 pièces gravées et lithographiées.

500 **Quéverdo**. Le Coucher de la Mariée. — Le Lever de la Mariée, par Patas et Dambrun. Pièces faisant pendants. Belles ép.

501 — Les mêmes.

502 — Le Dangereux Modèle. — La Fille surprise, par Patas. Pièces faisant pendants. Très-belles ép.

503 — L'Amant chéri. — Céphise surprise près du bain, par Patas. — Les Délices du Printemps. — La Récolte d'Automne, par Frussotte. Très-belles ép. 4 pièces.

504 — Jugement de Pâris, par Patas. — L'Équilibre perdu, par Martinet. — La Chute de Manon. — Le Bain. — L'Eau, par Dambrun. Très-belles ép. 5 pièces.

505 **Raffet**. Croquis militaires, Scènes de mœurs, etc. 14 pièces lithographiées.

506 **Raimondi** (Marc-Antoine). La Reine de Saba. — Le Martyre de saint Laurent. — Le Jugement de Pâris. 3 pièces.

507 **Raphaël** (D'après). Uranie, par Forster. — Le Triomphe de Galatée, par Blanchard. — Sainte Cécile, par Biot. — La Vierge et l'Enfant, par Houlanger. 4 pièces.

508 **Regnaud**. L'Amour et Psyché, par Beljambe. Épreuve avant la lettre. — Junon empruntant la ceinture de Vénus, par Miger. Épreuve avant la dédicace. — Jupiter et Calisto. — Jupiter et Io, par Blot. 4 pièces.

509 **Rembrandt**. Le Retour de l'Enfant prodigue. — Le Transport du Christ au tombeau. — La Mort de la Vierge. — Utenbogardus, etc. 6 pièces.

510 — Estampes du Nouveau Testament, Portraits, Sujets de genre et de fantaisie. 36 pièces anciennes et modernes.

511 — D'ap. Rembrandt. Son Portrait. — L'Ami de Rembrandt. — David et Bethsabée. — Le Bon Samaritain. — Le Printemps et l'Été, etc. 12 pièces.

512 **Réni** (Guido). Ecce Homo. — La Fuite en
Égypte. — Enlèvement de Déjanire. —Courage
de Porcie. — Pyrame et Thisbé. 5 pièces.

513 **Richomme**. Adam et Ève, d'ap. Raphaël.
Très-belle ép.

514 **Romanet**. Le Sommeil, d'ap. Le Titien. Très-
belle ép.

515 **Roullet** (Louis). Jean-Baptiste Lully, secré-
taire du roi, d'ap. Paul Mignard. Très-belle ép.

516 **Rubens** (Pierre-Paul). Son Portrait. — L'Éducation de la Reine. — Marie de Médicis sous la
forme de Minerve. — Henri IV délibère sur son
futur mariage. — Le Mariage de la reine. 6
pièces gravées par Audran, de Châtillon, Loir,
Massé et Trouvain.

517 — Saint Roch guérissant les pestiférés, par
Paul Pontius. — Saint Michel foudroyant les
démons, par Ragot. — Moïse guérissant les
possédés. 3 pièces.

518 — Présentation au Temple, par P. Pontius. —
Jésus à table au milieu de ses disciples, par
Bolswert. 2 pièces.

519 — Le Christ en croix, par Bolswert. — La Des-
cente de croix, par L. Westermann. 2 pièces.

520 — Marche de Silène, par Delaunay. — Suzanne
et les Vieillards, par M. Lasne. — Les Trois
Grâces, par P. de Jode, etc. 4 pièces.

521 — Neptune et Thetis. Épreuve avant la dédicace. — Mutius Scevola, par J. Schmuzer.
2 pièces.

522 — Le Jardin d'Amour, par Lempereur. — Phi-
lémon et Baucis. — Baptême de Constantin. —
Mort du tyran Maxence, etc. 5 pièces.

523 **St-Aubin** (Aug. de). Mes Gens ou les Commis-
sionnaires ultramontains au service de qui veut
les payer. Suite de 6 pièces et le titre gravés
par Tillard.

524 — La Promenade des remparts de Paris. —
Tableau des portraits à la mode, par P.-F. Cour-
tois. Pièces faisant pendants. Très-belles ép.

525 — La Promenade des remparts de Paris. Copie
en contre-partie de l'estampe originale.

526 **Sart** (Corn. Du). La Fête de village. — Le Joueur
de violon assis. 2 ép. — La Ventouse. — La Sai-
gnée. 5 pièces.

527 **Schénau** (J.-B.-E.). L'Aventure fréquente. —
Le Petit Pèlerin. — La Jeune Pèlerine. — La
Curiosité punie. — La Crédulité sans réflexion.
5 pièces. Très-belles ép.

528 **Schmidt** (G.-Fredéric). Maurice-Quentin de
La Tour, représenté à mi-corps, regardant par
une fenêtre, d'ap. lui-même. Belle ép.

529 — Le même personnage, en ovale sur un che-
valet, coiffé d'un chapeau. Très-belle ép.

530 **Schultze** (C.-G). Vénus liant les ailes de l'A-
mour, d'ap. Mme Le Brun. Très belle ép.

531 — La même pièce. Très-belle ép.

532 **Silvestre** (Louis). Apollon et Daphné, par
Chateau. — Pan et Syrinx, par Thomassin. —
Paysage par F. Devin, 3 pièces.

533 **Simon** (P.). Jacob Amprou. Buste forme comme
nature. Très-belle ép.

534 — Louis Christian, d'après C. Perrin. Buste
fort comme nature. Très-belle ép.

535 — Guide de Durasfort. Buste fort comme nature. Très-belle ép.

536 Louis XIV, d'après Ch. Le Brun. Buste fort
comme nature. Très belle ép.

537 — Joachim de Seiglière de Boisfrant, d'après
P. Mignard. Buste fort comme nature. Très-
belle ép., avant : *Offereb. Franciscus Marchand.*

538 -- Le même. Belle épreuve avec : *Offereb. Franciscus Marchand.*

539 — Louis XIV, d'après Ch. Le Brun, 1676. Très-
belle ép.

540 — Personnage du règne de Louis XIV, dans
une bordure ovale formée de feuilles de chêne.
Très-belle ép. avant toute lettre.

541 **Strange** (Robert). Charles premier, d'après
VanDyck. Très belle ép.

542 — Danaé. — Vénus, d'après le Titien, pièces
faisant pendants, très-belles épreuves.

543 — Abraham renvoyant Agar, d'après Barbieri.
— Joseph et la femme de Putiphar, d'après le
Guide. — Venus bandant les yeux de Cupidon,
d'après le Titien, 3 pièces.

544 — Le Christ apparaissant à sa mère, d'après
Barbieri. — Marie-Madeleine, d'après le Guide.
— Douceur. — Justice, d'après Raphaël. Très-
belles ép., 4 pièces.

545 — Apollon récompensant le mérite et punissant l'arrogance, d'après A. Sacchi. — Bélisaire d'après S. Rosa, 2 ép. — César répudie Pompeia et reçoit Calpurnia comme sa femme. — Romulus et Rémus sur le bord du Tibre, d'après P. de Cortone. — Vénus et Adonis, d'après le Titien. 6 pièces.

546 **Taunay**. Foire de village. — Noce de village, par Descourtis. Pièces faisant pendants, très-belles ép. En couleur.

547 **Tempest** (Antoine). Henri IV, roi de France et de Navarre, portrait équestre, in-fol.

548 **Téniers** (David). Sujets flamands, 64 pièces.

549 **Valperga** (L.). La Correction conjugale, d'après A. E. G. Très-belle ép.

550 **Vanloo** (Carle). Le père Girard et Mlle Cadière. Suite de 4 pièces gravées à l'eau-forte, très-probablement par Vanloo.

551 Sainte Geneviève, patronne de Paris. — Les Baigneuses. — Vénus et l'Amour. — Les Grâces. — Fuite en Egypte. — Lecture espagnole, etc.

552 **Van Schuppen**. Pierre de Marca, d'après Vanloo. — Louis Le Peletier, d'après N. de Largillière, buste demi-nature, 2 portraits.

553 **Vernet** (Joseph). Les Italiennes laborieuses. — 1re vue du Levant. — 2^ms vue de Marseille, par Aliamet. — Le Retour de la Pêche au soleil couchant. — Les Voyageurs effrayés par le coup de tonnerre, par J.-J. Avril. Très-belles ép. 5 pièces.

554 — Le Calme, 2 ép. — La Tempête, par Baléchou
— La belle Matinée. — Les Baigneuses, par
P. Benazech. 5 pièces, très-belles ép.

555 — Les Pêcheurs près de la cascade. — Les
Pêcheurs amoureux, par Benazech. Pièces faisant pendants, très-belles ép. avant la lettre.

556 — Orage impétueux, par Bertaud. — Départ de
la chaloupe. — L'heureux Passage. — Les Pêcheurs napolitains. — Les Pêcheurs florentins.
La belle Après-Dînée, par Ph. Coulet. 6 pièces
très-belles ép.

557 — Le Calme. Les Commerçants turcs, par C. E.
Cousinet femme Lempereur. — La Grecque
sortant du bain, par Daullé. — La Gondole
italienne, par Duret. 4 pièces, très-belles ép.

558 — Vue des environs de Naples.—Fête sur le Tibre
à Rome, par Duret. Pièces faisant pendants,
très-belles ép.

559 — Les Baigneuses, par de Flumet. — Vue aux
environs de Narni, en Lombardie, par Fokke.
— Vue des environs du port de Toulon, par
Giviarranni. — Les Pêcheurs fortunés, par
Helmann. — Vue de la Fontaine de St-Jean à
Marseille, par Laurent, étc. 7 pièces, très-belles
ép.

560 — Le Coup de vent, par Le Charpentier, épreuve
avant la dédicace. — La Pêche de jour, par Le
Gouaz. — Les Amans de la pêche, par Le Veau,
3 pièces, très-belles ép.

561 — Débarquement de tonneaux. — Pêcheurs près d'un phare. Pièces faisant pendants, très belles ép. avant toute lettre.

562 — 1re et 2me Vues des environs de Bayonne, par Le Veau, superbes ép. avant toute lettre. Les mêmes, avec la lettre. 4 pièces.

563 Le Sauvetage des naufragés. — Le Berger et la Bergère, par Le Veau. Pièces faisant pendants, très-belles ép. avant toute lettre. — La Belle nuit, par Vivarès. — Pêche heureuse, par Zigg, 4 pièces.

564 **Vernet** (D'après Carle). Bataille d'Esling, par Wolff. — Le Maréchal-Ferrant anglais, par Coqueret. — Le Maréchal-Ferrant, français, par Debucourt, 3 pièces.

565 **Vernet** (Horace). Croquis militaires. 18 pièces lithographiées.

566 **Viel**. Diane au bain, d'après Metay. Très-belle ép.

567 **Vien**. La Vertueuse Athénienne. — Offrande à Vénus. — La Chaste Suzanne. — Dédale et Icare. 4 pièces.

568 **Vignettes**. Pour illustrations par et d'après Cochin, Eisen, Gravelot, Le Barbier, Marillier, Moreau, etc. 73 pièces.

569 **Vleughels**. L'Amitié généreuse. — Uranie et Polymnie. — Télémaque dans l'île de Calypso. Rémus et Romulus, etc. 7 pièces.

570 **Vliet** (Van). La Résurrection de Lazare. Très-belle épreuve.

571 **Vouet** (Simon). Sujets de Vierges et autres. 6 pièces.

572 **Voyer** (Le jeune). Le Petit Favori, d'après Mlle Castellas. Très-belle épreuve.

573 **Watteau** (Antoine). Son Portrait par lui-même, gravé par B. Lépicié (Ed. de Gon-court, 11). Très-belle ép.

574 — Le même, par Boucher (E. de G. 12). Très-belle ép.

575 — La Troupe italienne, retouchée au burin par Simonneau (E. de G. 1). Très-belle ép. avec l'adresse de Sirois.

576 — La même. Belle ép. du 2° état.

577 — Figures de modes (E. de G. 4, 5, 6, 8). Belles ép. du 4° état. Les n°s 4 et 5 sont doubles dont le 4 en ép. du 2° état avant le nom de Watteau. 6 pièces.

578 **Watteau** (D'après). Antoine de La Roque, par Lépicié (E. de G. 17). Bonne ép. manquant de conservation.

579 — La Peinture. — La Sculpture (E. de G. 20, 21) Très-belles ép.

580 — Le Naufrage, par Caylus (E. de G. 24). Très-belle ép.

581 — Les Amusements de Cythère, par L. Suru-gue (E. de G. 35). Très-belle ép. Grandes marges.

582 — Diane au bain, par P. Aveline (E. de G. 36). Très-belle ép.

583 — Fêtes au dieu Pan, par M. Aubert (E. de G. 40). Belle ép. collée en plein.

584 — Pomone, par Boucher (E. de G. 41). Superbe
ép. Grandes marges.

585 — Les Saisons, par Desplace, Renard Du Bos,
Faissar et J. Audran (E. de G. 46, 47, 48, 49).
Suite de 4 pièces. Très-belles ép. avec marges.

586 — Comédiens italiens, par Baron (E. de G. 68).
Très-belle ép.

587 — Départ des Comédiens italiens en 1697, par
L. Jacob (E. de G. 70). Très-belle ép. Grandes
marges.

588 — La Troupe italienne en vacances, par P.
Mercier. (E. de G. 72). Très-belle ép.

589 — *Belles n'écoutez rien, Arlequin est un traître.—
Pour garder l'honneur d'une belle.* — Par Cochin
(E. de G. 76, 77). Pièces faisant pendants. Très-
belles ép.

590 — La Finette. — L'Indifférent, par B. Audran
et G. Scottin (E. de G. 83, 84). Très-belles ép.
tirées sur la même feuille. Toutes marges.

591 — L'Amante inquiète. — La Rêveuse, par P.
Aveline (E. de G. 81, 88). Très-belles ép.

592 — L'Accord parfait, par Baron (E. de G. 97).
Très-belle ép. Grandes marges.

593 — Les Agréments de l'été, par Joulin (E. de G.
100). Très-belle ép. Un coin déchiré.

594 — Amusements champêtres, par B. Audran
(E. de G. 104). Très-belle ép.

595 — Le Bain rustique, par Ant. Cardon (E. de G.
110). Très-belle ép.

596 — Le Bal champêtre, par J. Couché (E. de G.
112). Très-belle ép.

597 — Le Bosquet de Bacchus, par C.-M. Cochin
(E. de G. 113). Superbe ép. Grandes marges.

598 — Les Deux Cousines, par Baron (E. de G. 124).
Très-belle ép.

599 — La Danse paysanne, par B. Audran (E. de G.
125). Très-belle ép., toutes marges.

600 — La Diseuse d'aventures, par Cars (E. de G.
127). Superbe ép., toutes marges.

601 — L'Embarquement pour Cythère, par Tardieu
(E. de G. 128). Très-belle ép.

602 — Entretiens amoureux, par Liotard (E. de G.
131). Très-belle ép., grandes marges.

603 — La Famille, par P. Aveline (E. de G. 134).
Belle ép., sans marges.

604 — Harlequin jaloux, par Chedel (E. de G. 137).
Belle ép., manque de fraîcheur.

605 — The Island of Cytherea, par V. M. Picot (E.
de G. 141). Très-belle ép., rare en couleur ; elle
est épidermée au verso.

606 — La même pièce, en très-belle ép. en noir.

607 — Les Jaloux, par G. Scotin (E. de G. 142).
Très-belle ép.

608 — Le Lorgneur. — La Lorgneuse, par G. Scotin (E. de G. 146-147). Pièces faisant pendants.
Très-belles ép.

609 — La Perspective, par Crépy (E. de G. 152).
belle ép.

610 — Pierrot content, par E. Jeaurat (E. de G.
153). Très-belle ép.

611 — Récréation italienne, par Aveline (E. de G.
160). Belle ép., collée en plein.

612 — Rendez-vous de chasse, par Aubert (E. de
G. 164). Très-belle ép., grandes marges.

613 — La Sérénade italienne, par G. Scotin (E. de
G. 165). Superbe ép., grandes marges.

614 — Bon voyage ! par Crépy fils (E. de G. 169).
Très-belle ép.

615 — *Du bel âge où les jeux remplissent vos désirs...*,
par J. Moyreau (E. de G. 173). Superbe ép.,
marges.

616 — *Heureux âge, âge d'or, où sans inquiétude. —
Iris, c'est de bonne heure avoir l'air à la danse*, par
Tardieu, (E. de G. 174-175). Pièces faisant pendants. Très-belles ép. ; la première a quelques
trous de vers.

617 — L'Indiscret, par Aubert (E. de G. 189). Belle
ép., grandes marges.

618 — La Chute d'eau, par J. Moyreau (E. de G.
192). Très-belle ép., grandes marges.

619 — Les Enfants de Momus. — La Cause badine,
par J. Moyreau (E. de G. 290-291). Arabesques
en travers faisant pendants. Superbes ép.

620 — Colombine et Arlequin, par J. Moyreau (E.
de G. 306). Arabesque en hauteur, très-belle
ép., toutes marges.

621 — Pillement d'un village par l'ennemi. — La
Revanche des paysans. — La Collation. — L'Alliance de la Musique et de la Comédie. — L'A-
mour au Théâtre-Français, etc. 10 pièces.

622 **Watteau** (de Lille). Ribotte de grenadiers. —
Effet de la ribotte, par Ch. Beurlier. Pièces faisant pendants, très-belles ép.

623 — La Cage (Lantara écoutant chanter ses oiseaux). Très-belle ép. avant toutes lettres. Rare.

624 **Wiérix**. Sujets religieux et autres. 8 pièces.

625 **Wille** (Jean-Georges). Son Portrait, par Ingouf d'après Wille fils. Belle ép., collée en plein.

626 — Louis XV, d'après Heilmann. — Maurice de Saxe, d'après H. Rigaud. — Pierre de Tencin, d'après Heilmann. 3 portraits.

627 — Agar présentée à Abraham, d'après Diétricy, 2 ép. — Mort de Cléopâtre, d'après Gaspar Netscher 3 pièces.

628 — Le Concert de famille, d'après G. Schalken. — Instruction paternelle, d'après J. Terburg. 2 pièces.

629 — La Dévideuse. — La Liseuse, d'après G. Dow. Très-belles ép. 2 pièces.

630 — Musiciens ambulants. — Les Offres réciproques, d'après Diétricy. Pièces faisant pendants.

631 — Maîtresse d'école, d'après Q. T. Wille fils. — L'Observateur distrait, d'après Miéris. — Le Petit Physicien, d'après Gaspar Netscher. 3 pièces.

632 — La Cuisinière hollandaise, d'après Gabriel Metzu. — Tricoteuse hollandaise, d'après F. Miéris. 2 pièces.

633 **Wille** (P. A.). La Curieuse, par Voyer l'aîné. Très-belle ép. sans marges.

634 — L'Essai du Corset. — Dédicace d'un poëme épique, par Desmel. — Le Temps perdu, par Halbou, etc. 5 pièces, très-belles ép.

635 **Wolff** (L'aîné). La Douce Minette. — Les
Pommes de Terre, par Woff jeune. Pièces faisant pendants.

636 **Wouvermans** (Ph.). Sujets de bataille.
17 pièces.

637 — Sous ce numéro seront vendus les lots non
catalogués.

SUPPLÉMENT

114 PHOTOGRAPHIES

D'APRÈS LES PEINTURES

Tirées des différents Musées de l'Europe

HÉLIOGRAVURE AMAND - DURAND

Eaux-fortes et Gravures des Maîtres anciens, tirées des Collection
les plus célèbres

PARIS, GOUPIL, 1873-1876

6 vol. formant 24 séries, la 4ᵉ série du 6ᵉ vol. manque

ENSEMBLE 23 SÉRIES CONTENANT 230 PLANCHES

LA CHASSE DE DIANE

Par Raphaël **MORGHEN**, d'après **LE DOMINIQUIN**

TRÈS-BELLE ÉPREUVE

LES PORTEFEUILLES DE LA COLLECTION

Vᵉˢ Renou, Maulde et Cock, imprᵉ de la Cⁱᵉ des Commissaires-Priseurs, rue de Rivoli, 144.   76008

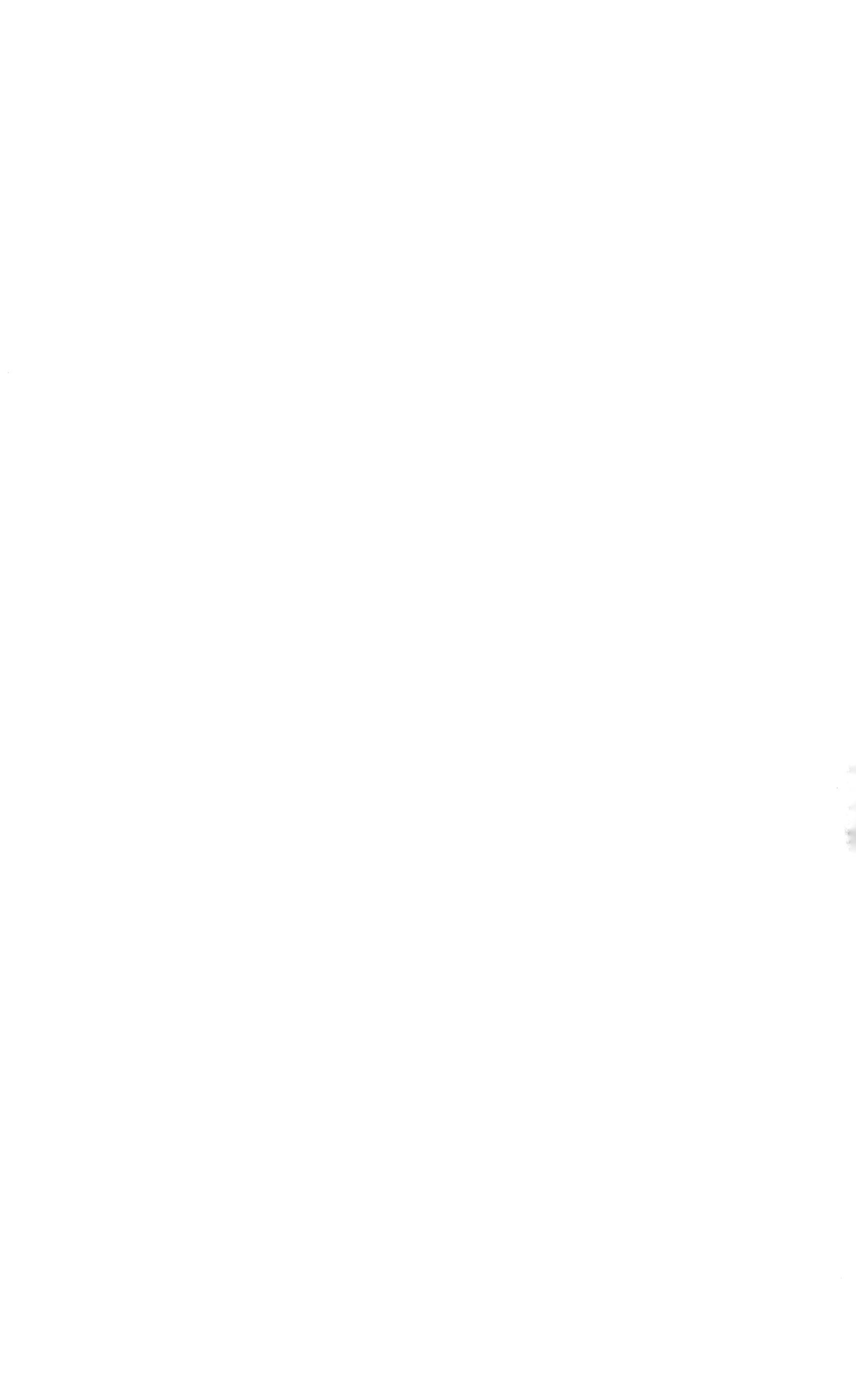

9 782329 511702